거대한
줄다리기

| 이순신 편 |

1판 1쇄 발행 2020년 3월 31일
1판 2쇄 발행 2021년 9월 1일

글 김기정 | 그림 장경혜 | 펴낸곳 한권의책 | 펴낸이 김남중
교정 한지연 | 디자인 나비 | 스캔 공간
주소 (우)03968 경기도 파주시 노을빛로 109-26(202호)
출판등록 제406-251002011000317호
전자우편 knamjung@hanmail.net
전화 031-945-0762 | 팩스 031-946-0762

김기정·장경혜 ⓒ2020

ISBN 979-11-85237-44-2 74810
ISBN 979-11-85237-41-1 (세트)

이 책의 글과 그림은 저작권법에 의하여 보호받는 저작물입니다.
잘못 만들어진 책은 구입하신 곳에서 바꾸어 드립니다.

이 도서의 국립중앙도서관 출판예정도서목록(CIP)은 서지정보유통지원시스템 홈페이지
(http://www.seoji.nl.go.kr)와 국가자료공동목록시스템(http://www.nl.go.kr/kolisnet)에서
이용하실 수 있습니다.(CIP제어번호: CIP2020013177)

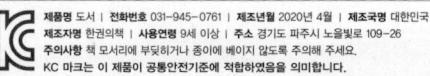

거대한
줄다리기

| 이순신 편 |

김기정 글 · 장경혜 그림

한권의책

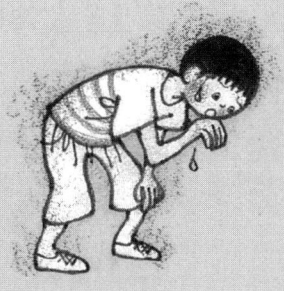

| 차례 |

호기심이 문제야　8

달려가는 아이　12

목수와 장군　22

울돌목으로!　34

두려움을 이기는 법　44

아이들을 위해서　56

집으로　63

| 역사의 한 순간 |　66

무슨 일이 벌어지고 있는 걸까?
초록 문으로 들어선 이돌은 놀라운 일을 겪어요.
순식간에 시간을 거슬러 과거로 간 거예요.
두 번째 모험을 말하기 전에 알아야 할 게 있어요.
이야기는 이제 시작일 뿐이라는 걸.

호기심이 문제야

이돌은 어렵게 입을 떼었습니다.
"너 말이야, 시간 이동을 믿냐?"
자야는 단칼에 잘라 버렸어요.
"푸하하, 무식하긴. 아인슈타인 박사님도 그런 건 절대 불가능하다고 말씀하셨거덩!"
아무렴요, 누가 믿겠어요. 이돌 자신도 믿지 못하겠는데. 그래서였어요. 꿈속을 헤맨 것인지, 아니면 진짜였는지 확인하고 싶은 생각이 든 건요.

이돌은 학교 수업이 끝나고 집으로 가고 있었어요. 어느 때보다 천천히 걸었답니다.

'갈까? 말까?'

'다음에?'

'내가 이상해진 걸 수도 있지.'

한참 골똘히 생각하며 걸었어요. 그런데요, 자신도 모르게 발길이 초록 문이 있는 언덕 쪽 골목으로 들어서고 있잖아요.

이돌은 흠칫 놀라 멈칫했어요.

〈출입 금지〉

표지판이었어요. 담벼락마다엔 빨간 페인트로 번호가 적혀 있었어요. 도시 한가운데라는 게 믿기지 않았죠. 멀리 자동차 소리가 이따금 들렸지만, 골목 안은 더없이 적적했어요.

무서운 만큼 호기심은 커졌어요.

'다시 가 보고 아니면 말지, 뭐.'

골목 끄트머리 막다른 곳에 초록 문이 보였어요.

이돌은 길게 숨을 들이쉬었어요.

'진짜인지 가짜인지만 잠깐 보고 올 거야.'

조심스레 문을 열었습니다.

끼이익!

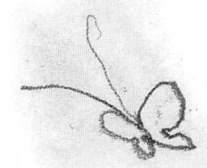

달려가는 아이

눈을 떴어요.
저번처럼 캄캄해졌다가 다시 눈앞이 환해졌어요.
학학!
이돌은 어디론가 열심히 달리는 중이었어요.
'앗? 진짜잖아!'
어느 사이에 다른 시간 속으로 들어온 거예요. 꿈이 아니에요. 초록 문은 시간을 거슬러 통하는 문이 분명했어요. 그 문을 지나는 순간, 과거에 살던 누군가의 몸으로 들어오는 거고요.

이돌은 가슴이 터질 것 같았어요.

'여기가 어디지?'

주위를 둘러볼 겨를도 없어요. 생각보다 두 발이 더 먼저 빠르게 움직이고 있었습니다.

반에서 달리기 1등을 도맡아 하는 유준이보다 몇 배는 빨랐습니다. 학교였다면 굉장히 좋아했을 거예요. 운동회 달리기에서 간신히 꼴찌가 아닐 정도이니까요.

몸은 바람처럼 빠르게 달려 나가고 있었습니다. 달리기 1등들이 어떤 기분인지 알 것 같았죠.

거기까지예요.

'왜 달리기만 하는 거야? 멈출 수가 없어.'

숨이 가쁘고 곧 죽을 것 같았어요. 이마에선 땀이 비 오듯 쏟아졌습니다.

'헉헉! 제발 멈추라고.'

이돌은 속으로 외쳤어요. 몸이 말을 듣지 않았어요. 이유는 따로 있었어요. 뒤쪽에서 소리가 들렸습니다.

"이놈, 게 섰거라!"

슬쩍 뒤를 돌아보니, 검은 옷을 입은 사내 서넛이 뒤쫓아 오고 있잖아요. 손에는 칼과 활을 들고서 말이죠. 헉! 이게 뭔 일이래. 잡히면 무슨 일을 당할 것만 같았어요.

어찌 된 일일까? 하필 도망치는 순간이라니. 도둑질이라도 한 걸까? 어쩔 수 없어요. 죽어라 달리는 수밖에요.

쉬익!

파팟!

화살 서너 대가 귓가를 스쳐 날아갔어요. 다행히 한 발은 바위에 맞아 부러졌고 두어 발은 나무에 꽂혔습니다.

'이러다 잡히겠어.'

바로 앞을 커다란 바위가 막아섰을 때는 꼼짝 없이 죽는 줄 알았어요. 하지만 몸이 더 빠르게 움직였어요. 몸은 익숙하게 한쪽 발을 들어 훌쩍 바위를 올라탔어요. 평소의 이돌이라면 절대 그럴 수가 없을 거예요.

바위 사이로 작은 틈이 나타났습니다.

'저기로 들어간다고?'

이돌은 바위틈으로 몸을 비집어 넣었어요. 몇 번 몸을 비틀며 나아가자, 눈앞에 훤히 트였어요.

'아, 바다다.'

여긴 비밀 통로 같은 곳이 틀림없어요.

시원한 바람이 불었어요. 저만치 아래 바닷가에는 배들과 수많은 사람이 보였습니다.

이돌은 비탈 아래쪽으로 난 길을 더 빨리 내달렸습니다.

그렇게 얼마쯤 달렸을까요?

쫓아오던 발소리가 더는 들리지 않았어요. 그 좁은 틈은 찾기도 어려운 데다 설령 찾는다 해도 어른은 빠져나오지 못할 테니까. 마음이 놓이자 눈앞에 펼쳐진 모습이 조금씩 또렷해지기 시작했어요.

산 아래 길가에는 여기저기 움막들이 세워져 있어요. 사람들이 바삐 움직였습니다.

"영차! 영차!"

"어서 서둘러!"

"깡깡! 쩡쩡!"

짐을 나르고 불을 피우고 밥을 짓거나 화살과 창을 만드는 이도 있었죠. 연기가 피어오르는 대장간에서는 풀무질과 망치질이 끊이질 않았습니다. 심지어 아이들까지 나무와 돌멩이를 지어 날랐습니다.

'시장 바닥도 아닌데 무슨 일일까?'

누구 하나 땀범벅이 된 이돌에게 눈길 한번 주지

않았어요. 이돌은 멈추지 않고 달려갔습니다.

  너른 마당을 지나 막다른 곳에 이르러서야 숨 가쁜 뜀박질이 그쳤어요.

  '드디어 멈췄어.'

  정말이지 여기까지 이돌은 몸이 가는 데로만 왔답니다.

  그곳은 커다란 문 앞이었습니다.

  이제 이돌은 몸을 맘대로 가눌 수가 있게 되었어요. 아니, 더는 서 있을 수조차 없었어요. 땅바닥에 털썩 주저앉아 버렸습니다.

  문을 지키던 병사 하나가 이돌을 알아보더니, 문 안쪽을 향해 소리치는 게 들렸어요.

  "조 비장 나리! 장손이, 도착이요!"

  장손이라고? 이돌은 이 몸의 주인 이름일 거라고 생각했어요. 저번에는 두말이었듯이.

  병사는 거푸 문 안쪽에 소릴 질렀어요.

"조 비장 나리! 장손이 왔다니께요!"

이렇게 이돌은 다시 황당하고 어이없는 일을 맞닥뜨렸지만 지난번만큼은 아니었어요. 여기가 어디이고, 어느 시대인지, 장손이란 아이는 왜 달려온 것인지 궁금해졌습니다.

곧이어 누군가 헐레벌떡 뛰어나왔습니다. 얼굴에 희끗한 수염이 덥수룩한 어른이었어요. 그 조 비장인 듯했습니다.

조 비장은 환하게 웃으며 반겼어요.

"이놈, 장손아. 왜 이리 늦었느냐. 아침부터 기다리다 내 목이 석 자나 늘어났다!"

하며 장손이 머리와 몸을 어루만졌어요.

"그래, 삼만 영감이 뭐라 하드냐?"

삼만 영감이라니, 누굴까?

이돌은 우물쭈물했어요.

"이놈이 아직 얼이 빠져 있네그려. 우헤헤."

조 비장은 다 안다는 듯이 곧장 이돌의 윗도리 자락을 들추었어요. 허리춤에 긴 천을 말아 둘러맨 띠가 보였죠. 조 비장은 그 허리띠를 아주 익숙하게 풀었어요. 안에는 고이 접은 서찰 한 통이 들어 있었습니다.

"여깄네, 여깄어. 고생 많았다."

목수와 장군

조 비장은 서찰을 접어 가슴 안쪽 깊숙이 집어넣으며 말했어요.
"그래, 할아버진 어떠시냐?"
"네?"
이럴 땐 여간 난감한 게 아니죠. 이 장손이란 아이가 누군지도 모르는데, 할아버지에 대해 묻다니. 그런데요, 이돌은 얼떨결에 대답해 버리고 말았어요.
"잘 계세요."

"허허, 보나 마나 그 영감 뜬눈으로 밤을 지새웠을 게다. 하여간 영감이랑 네가 대단한 일을 해낸다. 껄껄껄. 어서 날 따라오너라."

조 비장은 성큼성큼 앞서갔어요.

이돌은 점점 생각이 복잡해졌어요.

'삼만 영감? 장손이란 아이의 할아버지인가? 장손이는 할아버지랑 무슨 일을 한 걸까?'

바닷가에는 배가 여러 척 보였어요. 언뜻 봐도 고기잡이배는 아니에요. 갑판엔 높다란 방패가 즐비하게 세워졌고 그 아래쪽 구멍으로는 기다란 쇳덩이들이 시커먼 얼굴을 내밀고 있었습니다.

그게 대포라는 걸 이돌은 한눈에 알아봤어요. 전에 박물관에서 본 적이 있거든요.

조 비장이 이돌 쪽을 보며 말했어요.

"네놈한테 일이 난 줄 알았다. 아침에 오기로 한 놈이 소식이 없으니, 내 애간장이 다 녹아내렸다."

이돌은 아까 산길을 달려오는 동안 뒤를 쫓던 이들이 떠올랐습니다. 또 등골이 서늘해졌어요.

"쫓기고 있었어요."

조 비장이 눈을 부라리며 이돌을 봤어요.

"뭐라고? 어떤 놈들이!"

"모르겠어요. 검은 옷을 입었는데, 화살을 피해 간신히 도망쳤는걸요."

조 비장이 산 쪽으로 눈길을 돌리며 말했습니다.

"왜놈 첩자일 게다. 곳곳에 안 박혀 있는 데가 없으니까. 대장군께 보고해야겠다."

"대장군이라고요?"

"헤헤, 장군님이 널 보고 싶다 하셨다."

이돌은 방금 전 조 비장이 '왜놈'이라고 한 말에 짚이는 게 있었습니다. 왜놈은 일본을 가리키고, 전쟁 중이라면 말하나 마나죠. 이돌이 그 대장군이 누구인지 아는 덴 오래 걸리지 않았습니다.

조 비장은 생김새답지 않게 조잘조잘했어요.

"정말 삼만 영감이 산삼을 그렇게 많이 캤다던? 얼마나 캤으면 '산삼 만 뿌리 영감'이겠냐?"

"영감은 남쪽 바다를 다 꿰뚫고 있지. 모르는 섬이 없다더라. 정탐꾼만 수십인데, 그중에 삼만 영감이 최고야."

조 비장이 혼자 조잘대는 덕분에 이돌은 삼만 영감이 무슨 일을 하는지 짐작할 수 있었죠.

정탐꾼!

조 비장과 이돌이 바닷가 모퉁이를 막 돌아섰을 때였습니다. 그곳은 바다에서 깊숙이 꺾여 들어와 산 뒤쪽에 숨겨진 비밀 항구였어요.

뚝딱뚝딱!

백 명도 넘는 이들이 한창 배를 만들고 있었어요. 뱃머리를 보는 순간, 이돌은 그만 악! 하고 그 자리에 얼어붙고 말았답니다.

'거북선!'

조 비장이 말한 대장군이 누구인지 알 것 같았습니다.

"이순신 장군!"

이돌이 외마디 소리를 내자, 조 비장이 웃어 젖혔어요.

"허허, 그래도 그렇지 이놈아, 장군님 이름을 그렇게 함부로 나불댔다간 주둥이 지짐 당한다."

"그게 뭔데요?"

"나도 딱 한 번 봤지. 어떤 놈이 입을 잘못 놀렸더니 불에 달군 쇠꼬챙이로 입을 지지더라."

이돌이 놀라 손으로 입을 막자, 조 비장이 낄낄댔어요.

"입조심하라고 농 좀 쳤다, 이놈아. 낄낄. 그럼, 넌 잠시 여기서 기다리고 있어라."

조 비장은 항구 건너편으로 종종걸음을 쳤습니다.

이돌은 넋 놓고 거북선을 쳐다보았어요. 머리는 거북이고 등에는 철갑이 씌워 있었죠. 재작년 부모님이랑 여수에 여행 갔을 때 보았던 거북선보다 훨씬 더 컸어요.

그때였습니다. 누군가 이돌에게 말을 걸었어요.

"쳐다만 보지 말고 너도 일손을 도와라!"

기다란 판자를 어깨에 메고 있는 목수 아저씨였어요. 허리에 찬 가죽띠에 톱과 망치가 매달려 있었거든요. 검붉은 수염이 가슴께까지 닿았고 얼굴은 검게 탔죠. 떡 벌어진 어깨는 힘이 넘쳐 보였어요.

이돌이 물었어요.

"아저씨가 저 거북선을 만드셨어요?"

목수가 껄껄껄 웃으며 말했습니다.

"요놈아, 혼자 이걸 어찌 만들겠느냐. 너도 어서 거들어라."

"어린 제가 어떻게 거북선을 만드나요?"

"허허, 왜놈들이 언제 들이닥칠지 모르는데, 아이 어른이 따로 있겠느냐. 다 같이 힘을 모아야지."

목수는 다시 판자를 어깨에 둘러메고 거북선 안으로 걸어 들어가려 했습니다.

"대장군!"

저쪽에서 조 비장이 황급히 달려오며 외쳤어요.

이돌은 주위를 살펴보았습니다.

번쩍이는 갑옷을 입고 긴 칼을 차고 우렁차게 명령을 내리는 장군?

장군처럼 생긴 이는 어디에도 보이지 않았어요. 웃통을 벗고 망치질을 하는 목수들과 짐을 나르는 일꾼들만 분주했습니다.

그런데요, 조 비장이 조금 전 이돌과 이야기를 나누던 목수 앞으로 달려가 깍듯이 절을 하는 게 아닌가요?

아, 그렇다면 저 목수가 바로…….

목수는 판자를 바닥에 내려놓더니 고개를 돌렸어요. 그러자 놀랍게도 그 얼굴은 곧 전투를 치를 장수의 모습으로 바뀌어 있었어요.

"조 비장! 전갈이 온 게로군."

"삼만 영감이 막 전갈을 보내왔습니다."

조 비장은 가슴에서 서찰을 꺼내 장군에게 내밀었어요. 순간 장군의 눈빛이 번뜩였고 몸짓 하나하나에서 근엄한 분위기가 느껴졌어요. 목수인 줄 알았던 이가 바로 이순신 장군이었다니!

장군은 서찰을 꼼꼼히 읽어 내려가면서 얼굴이 점점 굳어 갔습니다. 뭔가 심각한 내용인 듯했어요.

장군이 조 비장에게 말했어요.

"왜군 전함이 곧 출항한다는 보고다. 시간이 사나흘만 더 있어도 거북선을 완성했을 텐데……. 출정을 서둘러야겠다. 병사들을 소집하게. 곧 왜선이 이곳으로 들이닥칠 것이다."

조 비장이 명령을 받으며 말했어요.

"네, 장군. 그리고 여기 이 아이가 삼만 영감 손자, 장손이입니다. 서찰을 갖고 올 때 왜놈 첩자들이 뒤쫓은 모양입니다. 얘가 워낙 잽싸서 추격을 용케 따돌리고 왔습니다."

장군은 이돌 쪽을 보며 빙그레 웃었어요.

"장손이라고? 너와 네 할아버지는 어느 장수도 해내지 못한 훌륭한 일을 해냈다. 당장 상을 주고 싶지만, 지금은 한시가 급하구나. 우리 수군은 곧 열 배나 되는 적과 싸워야 한단다."

아무렴 어떻겠어요. 이돌은 마냥 감정이 북받쳐 올랐답니다. 역사책에서 보던 이순신 장군을 직접 마주하다니요.

"장군님은 이번 싸움에서 이기실 거예요."

이런 말을 또 하다니. 이돌은 스스로 깜짝 놀랐어요. 수업 시간에 선생님이 하던 말을 또렷이 기억하거든요.

'이순신 장군은 왜군과의 전투에서 한 번도 진 적이 없다.'

그렇지만 이번 전투가 어떤 싸움인지 이돌은 알지 못했어요. '진작 역사 공부를 잘해 둘걸.' 하고 후회하는 중이었습니다.

장군이 이돌 머리에 손을 얹고 말했어요.

"고맙구나. 그래. 절대로 지면 안 되는 싸움이란다. 우리는 한 번 지면 다음은 없지. 반드시 이겨야지."

두툼한 손바닥에서 따뜻한 기운이 느껴졌어요.

이돌은 온몸이 쩌릿하게 울렸습니다.

울돌목으로!

바닷가 마을과 산자락은 온통 하얬어요. 흰옷 입은 사람들로 가득했거든요. 그런데도 무척이나 고요했어요. 모두들 숨을 죽이고 뚫어져라 바다 쪽을 쳐다보았습니다.

"장군님이시다!"

누군가 소리치자, 수만 명이 동시에 손을 들었어요.

멀리 바닷가 막사에서 장군 일행이 나서는 게 보였습니다. 지켜보는 이들은 길게 숨을 뱉어 내면서 아무 소리도 안 했어요. 하지만 무슨 말을 하려는지 이돌은 알 것 같았습니다.

'반드시 이겨야 해요.'

병사들이 배에 오르기 전, 장군은 큰 소리로 몇 마디 했어요.

"이 싸움에 우리 조선의 운명이 달렸다. 왜적은 우리의 열 배가 넘는다. 내가 믿는 건 오로지 너희의 용기와 믿음뿐이다. 너희의 한 팔에 부모의 목숨이 달렸으며, 다른 한 팔에 자식의 내일이 걸려 있단 걸 명심하라. 우리가 죽어야 부모와 자식이 살고 나라가 산다. 죽기를 각오하고 싸워야 하는 이유이다."

조용하던 바다는 우렁찬 함성으로 일렁였습니다. 이돌 눈에서도 눈물이 주르르 흘러내렸는걸요.

곧 장군과 병사들이 배에 올라탔어요. 방패로 둘러치고 수십 개의 대포가 달린 배였어요. 둥둥 북소리가 울렸습니다.

사람들이 한숨을 쉬며 말했어요.

"우리 배가 고작 열세 척이라니……, 쯧쯧. 거북선도 없이 어쩌누."

"몇 달 전만 해도 삼백 척이 넘었고만. 그 못난 원균이 칠천량 해전에서 몽땅 바다에 가라앉혀 버렸지."

"왜선은 수백 척이 넘는다는데…… 아무리 장군이래도 어렵지 않겠나?"

조 비장이 눈을 부라리며 호통을 쳤어요.

"예끼! 못난 놈들아! 그런 소리 마라. 장군께선 한 번도 진다는 말씀을 하신 적이 없어. 지난 보름 동안 이 싸움을 위해 밤낮으로 준비하지 않았느냐. 절대 질 리가 없어."

아무도 대꾸를 못 했어요. 그렇지만 모두의 눈엔 두려움이 서려 있었습니다.

얼마쯤 있으려니 사람들의 행렬이 산으로 길게 이

어졌습니다. 이돌도 행렬에 끼어 따라갔어요. 조 비장이 앞장섰고 깃발과 북을 멘 병사들이 사람들을 산길로 이끌었습니다.

'어디로 가는 걸까?'

어른 아이 할 것 없이 마치 물결처럼 같이 움직였어요. 수천, 아니 수만 명은 될 것 같았어요.

사람들이 귓속말로 서로 물었어요.

"울돌목이랬지?"

"장군께서 거기서 왜선을 막는다 하셨네."

"거긴 물살이 세기로 소문난 곳 아닌가. 그 험한 물살을 어찌할꼬!"

울돌목이 어딘지 이돌은 알지 못했습니다. 다만 거기서 왜선과 조선 수군이 싸움을 벌이는 것이겠지요. 이때까지만 해도 이돌은 사람들이 싸움을 구경하러 가는 줄로만 알았습니다.

행렬은 반나절이 다 지나도록 이어졌어요. 야트막

한 산을 넘고 몇 굽이 고개를 넘자, 저 아래 바다가 나타났습니다. 바다 건너편으론 작은 섬도 보였습니다.

이돌은 이 많은 사람들이 그저 구경만 하러 이곳에 모인 게 아니란 걸 알았어요.

갑자기 행렬의 무리가 갈라지더니, 그 사이로 어른들이 내달리며 기다란 줄을 늘어놓는 것이었어요.

이돌이 옆에 있던 아주머니에게 물었어요.

"이게 뭐예요?"

"보면 모르냐? 몇 날 며칠 우리가 짚으로 꼬아 만든 새끼줄이지."

"이걸로 뭘 하려고요?"

"어린놈이 궁금한 것도 많네. 넌 가만있다가 신호가 오면 당기면 돼야."

새끼줄은 여러 번 겹쳐 꼬아 만들었어요. 굵기가 웬만한 어른의 종아리만 했습니다. 백 미터도 넘는

새끼줄 몇 가닥이 기다랗게 놓였습니다. 사람들은 미리 연습이라도 해 봤는지 새끼줄 곁에 자리를 잡고 잠자코 앉았어요. 더 신기한 건 그토록 많은 이들이 모였는데도 숨소리 하나 들리지 않는다는 것이었어요. 다들 나무와 풀에 몸을 숨기고 바다를 살폈습니다.

"저것 봐. 왜선이닷!"

누군가 작게 속삭였습니다. 속삭임은 파도처럼 사람들 사이로 무섭게 퍼져 갔어요.

이돌은 고개를 들어 바다 쪽을 보았습니다. 아니나 다를까, 저 멀리 위쪽으로 보이는 먼 섬 사이로 돛과 깃발이 나타났어요.

우앗!

아!

이돌만이 아니라 모든 사람들이 깜짝 놀랐죠. 입만 벌린 채 소리 나지 않는 비명을 질렀어요. 왜선이 얼

마나 많은지 바다를 가득 메우고 밀려 내려오고 있어요.

드드드드! 사람들이 부르르 몸을 떠는 소리가 바람 소리처럼 들렸죠.

이어 사람들이 외쳤습니다.

"장군님이다!"

우리 수군이 탄 배가 아래쪽에서 서서히 올라오는 게 보였습니다. 사람들 표정은 점점 굳어졌어요. 그도 그럴 것이 새까맣게 밀려오는 왜선에 비해 조선 수군은 손가락을 꼽을 만큼밖에 되지 않잖아요.

열세 척!

몇 걸음 떨어진 곳에서 웅성대는 소리가 들렸어요.

"장군님이 아무리 대단해도 저것 좀 봐. 벌 떼 같은 왜놈을 어찌 당하누?"

"이러지 말고 도망가세. 우리까지 죽게 생겼소."

이돌은 용기를 내어 작은 소리로 말했어요.

"아니에요. 이순신 장군님은 이 싸움에서 이겨요!"

어른 하나가 콧방귀를 뀌었습니다.

"아무것도 모르는 어린놈이 정신 나간 소릴 지껄이는구나. 전쟁이 애들 놀이인 줄 아니?"

이돌은 다시 말했어요. 이번엔 더 큰 소리로요.

"겁먹고 물러서면 안 된다고 장군님이 말씀하셨잖아요. 우리한텐 장군님과 수군이 있다고요."

소용없어요. 사람들 눈동자는 흔들리고 손은 부들부들 떨렸습니다. 두려움에 사로잡힌 뒤였습니다.

이돌은 어쩌면 이것이 눈앞의 칼이나 총, 피보다 더 무서운 것인지 모른다는 생각이 들었어요. 당장이라도 숨이 멎을 것만 같았습니다.

두려움을 이기는 법

"어른들이 겁쟁이가 되었구려."

울분에 찬 목소리였어요. 이돌과 몇 발짝 떨어진 곳에 있던 아주머니였습니다. 사람들이 수런거렸어요.

"진주댁일세."

"진주성에서 왔다지."

진주댁이 벌떡 일어섰어요. 등에는 서너 살은 되어 보이는 아이가 업혀 있었죠.

"이보시우. 진주성에서 내 남편이 어떻게 죽었는

지 아시우? 왜놈들은 진주 성벽을 넘어와서는 단 한 사람도 살려 두지 않았소. 6만이나 되는 죄 없는 백성들이 무참히 죽어 갔단 말이우. 내가 거기서 죽지 않고 배 속의 아기랑 여기로 온 까닭은 단 하나요. 내 남편 원수를 갚고 이 아이를 살리기 위해서요. 장군님 말씀대로 이 싸움에서 지면 모두 죽는 거요. 도망친들 살아남을 것 같소!"

진주댁의 말이 어찌나 날이 서 있던지, 두려움에 떨던 이들은 입을 닫았습니다. 틀린 말이 아니죠. 싸움에 진다면 도망칠 곳도 없으니까요. 모두 벙어리가 된 듯했어요.

조금 있으려니 저만치 앞에서 조 비장이 성큼성큼 걸어왔습니다. 낮고 비장한 목소리로 중얼대고 있었죠.

"장군님 말씀 안 들었냐. '죽기로 싸우면 이길 것이다.' 삼만 영감 손자, 장손이도 그러드라. '장군님은 한 번도 싸움에 진 적이 없다.'고. 다 큰 어른 놈들이 애만도 못해! 퉤."

그러는 사이 왜선들이 우리 수군 코앞까지 다가왔습니다. 우리 수군은 꿈쩍도 하지 않았어요. 배 한 척만이 앞서 달려갈 뿐이었습니다.

"저것 봐! 대장선이 나간다."

이돌은 가슴이 쿵 내려앉는 것 같았어요. 그 모습이 꼭 커다란 바위를 향해 날아가는 달걀 같았거든요. 이어 대장선에서 뭔가 하늘로 솟아올랐어요.

피융!

기다렸다는 듯 조 비장이 큰 소리로 외쳤습니다.

"신호다!"

그 소리와 함께 병사들이 깃발을 흔들고 둥둥둥! 북을 쳤습니다. 이어 사람들이 동시에 움직였어요. 미리 약속이라도 한 듯이요.

줄을 당기기 시작한 거예요.

"영차, 어영차!"

이돌은 처음엔 이게 무슨 일인지 알지 못했습니다. 싸움터에서 줄다리기라니. 이돌은 얼결에 줄을 잡고 당겼어요. 할아버지, 할머니, 어른, 아이 할 것 없이 다 죽어라 당겼어요.

깃발과 북소리에 맞춰, "영차, 어영차!"

저 너머 바다 쪽에서 무슨 일이 벌어지고 있는지 알 수가 없었죠. 다리가 저리고 손바닥이 아팠어요. 아이들은 울음을 터뜨렸어요. 몇 번인가는 주르르 몸이 미끄러져 사람들이 한꺼번에 끌려가기도 했습니다. 여기저기 비명이 가득했습니다. 손바닥은 살갗이 벗겨져 피멍이 들거나 피가 나기도 했고, 온몸은 땀과 흙먼지로 범벅이었어요.

얼마를 그렇게 정신없이 당겼을까요?

조 비장이 외치는 소리가 들렸습니다.

"한 치도 밀리면 안 된다."

"더 힘껏 당겨라! 영차!"

그리고 얼마를 더 있으려니 바닷가 쪽에서 함성이 들렸습니다.

이돌은 그제야 바다 쪽을 힐끔 보다간 눈을 의심했어요.

"앗, 저것 봐."

"왜선이 멈췄어."

물밀듯이 내려오던 왜선들이 멈춰서 꼼짝을 않는 것이었습니다. 그와 동시에 잠자코 있던 우리 대장선에서 쾅쾅! 소리가 나고 연기가 피어올랐습니다. 커다란 대포알은 허공을 뚫고 날아 왜선들에 정확히 꽂혔어요.

"우아!"

대포알에 부서지는 왜선을 보고 사람들이 소리를 질렀습니다.

하지만 거기까지였어요.

주르르…… 팽팽하게 당기던 줄이 다시 앞으로 당겨졌으니까요. 사람들은 너 나 할 것 없이 다시 줄에 매달렸습니다.

"영차, 어영차!"

이돌은 아직도 영문을 몰랐어요. 싸움은 바다에서 벌어지고 있는데 왜 이곳에서 이상한 줄다리기를 하는지를요.

따따따닥!

왜선에서 조총 수만 발을 한꺼번에 쏘는 소리였습니다.

쾅쾅!

우리 수군의 대포 소리도 멈추지 않았습니다.

영차, 어영차!

바닷가와 산자락에 있는 이들은 죽을힘을 다해 줄을 당겼습니다.

1초,

2초,

…….

한동안 바다와 산에는 조총과 대포와 사람들의 기합 소리가 가득했어요.

얼마나 지났을까요?

이돌도 진이 다 빠져 갔어요. 입에서 거품이 나고 하늘이 노래졌죠. 이제 더는 줄을 당길 수 없는 순간이었어요.

뚝!

팽팽하던 줄이 끊겼습니다. 줄은 바닥에 힘없이 늘어졌어요.

어쩐 일일까? 줄을 당기던 이들은 벌떡 일어나 바닷가 쪽을 바라보았습니다. 갑자기 아우성이 일어났어요.

"철쇄가 끊어졌다!"

"왜선들이 도망친다!"

눈앞에 벌어진 광경은 아까와는 달랐습니다. 물밀듯이 밀고 내려오던 왜선들은 부서지고 깨져서 연기가 피어올랐어요. 바다에 빠져 허우적대는 왜군 병사도 수백 명이 넘었습니다. 앞쪽에 있던 왜선들은 부서진 채 바다를 메우고 있었죠. 그 뒤쪽 왜선들은 허둥지둥 방향을 틀어 왔던 길을 되돌아가는 것이었습니다.

그 짧은 사이, 어떻게 이런 일이 벌어진 걸까?

아까만 해도 왜선은 우리 수군보다 열 배나 많았는데요.

이돌이 혼잣말을 했습니다.

"정말 우리가 이겼어?"

조 비장이 어느 결에 옆에 와 서 있었어요.

"껄껄. 장손아, 봐라. 우리가 이겼다. 장군님 명령으로 한참 전부터 오늘 싸움을 준비하고 있었단다. 새끼줄을 꼬고 쇠사슬로 이어서 철쇄를 만들었지."

이돌은 궁금한 게 많았습니다.

"철쇄란 게 뭐예요?"

"너처럼 눈치 빠르고 뜀박질 잘하는 놈이 그런 것도 모르느냐. 봐라. 저기가 울돌목이다."

조 비장이 한창 싸움 중인 바다를 손가락으로 가리키며 말했어요.

"조선에서 물살이 젤로 험하기로 유명하지. 왜선들이 왜 울돌목 한가운데서 꼼짝 못 하고 멈췄겠느냐? 쇠사슬이다. 우리가 울돌목을 가로질러 미리 숨겨 놓지 않았더냐? 지금까지 우리가 줄을 당겨 철쇄로 왜선들이 더는 못 나아가게 막은 거란다. 막판에 철쇄가 끊어지긴 했어도 잘 버텨 주었어. 하늘도 우리를 도운 거다."

이돌이 외쳤어요.

"알았어요. 왜선들이 울돌목에 갇힌 사이에 우리 수군이 공격을 한 거죠?"

조 비장이 우쭐해서 고개를 끄덕였고, 아래쪽에서 함성이 들렸습니다.

"바닷물 방향이 바뀌었다!"

"물살이 왜선 쪽으로 향하기 시작했어."

조 비장이 말했어요.

"장손아, 장군께선 몇 날 며칠 이 순간을 위해 작전을 짜신 거다. 백성들이 철쇄로 왜선들이 오는 걸 막는 동안 대포로 공격을 하고, 그 짧은 사이 물살의 방향이 왜선 쪽으로 바뀌면, 일제히 공격해 무찌른다! 이곳 울돌목은 물살이 하루에도 몇 번씩 바뀌는 걸 왜놈들은 몰랐던 게지. 저것 좀 봐라. 드디어 우리 수군이 한꺼번에 밀고 들어가고 있지 않느냐."

우리 수군이 왜선을 뒤쫓기 시작하는 게 보였어요.

와! 와!

바닷가에 있던 이들이 한꺼번에 우르르 나아가 소리를 지르고 펄쩍펄쩍 뛰었습니다.

아이들을 위해서

"장손아, 장작 좀 갖다줄래?"

아궁이에 불을 지피던 진주댁이 말했어요.

이돌은 장작을 날라다 아궁이 옆에 부려 놓았습니다.

수십 개의 아궁이에 저마다 가마솥이 걸리고 밥과 국이 끓는 중이었습니다.

진주댁이 매운 연기에 눈물을 훔치면서 말했습니다.

"우리 장군님이랑 수군들이 돌아오면 배가 고플 거야."

이돌이 말했어요.

"내 말이 맞죠? 우리 수군이 이겼잖아요."

진주댁이 이돌 머리를 쓰다듬었습니다.

"그래. 이긴 건 다행이지. 그래도 전쟁은 너무 무섭구나. 어서 이 전쟁이 끝나야 할 텐데."

진주댁 얼굴에는 걱정이 어려 있었어요. 왜 그런지 알 것 같았습니다.

이돌이 말했습니다.

"전쟁이 끝나면 아줌마도 다시 고향으로 돌아가서야죠?"

진주댁이 대답했어요.

"그래야지. 장손아, 내가 남편과 딸을 왜놈에게 잃고도 왜 살아 있는지 아니?"

이돌은 아무런 대답도 할 수 없었어요.

"처음엔 나도 진주성에서 같이 죽을 생각이었단다. 한데 말이다, 나한텐 남은 자식이 있지 않겠니."

그때 진주댁 어린 아들이 칭얼대며 엄마의 치맛자락을 잡고 이돌을 쳐다봤습니다.

"진주성이 무너지던 날, 이 아이가 내 배 속에 있었지. 벌써 네 살이 되었어. 이 아이가 살아갈 세상을 내가 지켜 줘야지. 그건 너도 마찬가지야. 어른들은 너희들을 위해 싸우는 거란다. 알겠니?"

이돌은 울컥했어요. 눈물이 그렁그렁했습니다.

진주댁이 말했어요.

"아까 말이다, 어른들조차 무서워서 벌벌 떨었잖니. 왜선이 몰려올 때 넌 두려워하지 않았어. 어디서 그런 용기가 났니?"

"아니요. 전 아줌마가 더 대단해 보여요."

이돌은 고개를 저었어요. 진주댁이 사람들 앞에서 용기 있게 말하던 모습이 떠올랐습니다.

바닷가는 어둑해져 있었어요. 수군 진영에 모닥불이 오르고 벌써부터 사람들이 구름처럼 모여들었어요. 열 배나 되는 왜군을 무찌른 우리 수군을 맞아들이기 위해서였습니다. 덩실덩실 춤을 추며 노래를 부르고 음식을 날랐습니다.

저 멀리 우리 수군을 실은 배가 들어서고 있었죠. 하나, 둘, 셋…… 열세 척 모두 무사했어요. 백 척이 넘는 왜선과 싸움에서도 단 한 척 피해가 없다니, 놀라울 따름이죠.

수군이 배에서 내리고 있었어요.

"만세!"

"만세! 우리가 이겼다!"

이돌도 따라서 목이 터져라 외쳤어요.

그러다 이돌은 퍼뜩 이순신 장군을 직접 만나, 꼭 해야 할 이야기가 생각났어요. 그건 이돌이 오래전부터 알고 있던 어떤 일이기도 하죠.

'이순신 장군은 마지막 싸움에서 총탄을 맞아 전사한다.'

수업 시간에 들었는지, 아니면 책에서 읽었는지 기억나지는 않았어요. 하지만 이돌은 그 사실을 장군에게 꼭 알려야 한다고 생각했어요. 그래서 허겁지겁 장군의 막사로 달려갔던 거고요.

막사 앞엔 아무도 지키고 있지 않았어요. 다들 바닷가로 나가 있을 테죠.

'막사에 들어가 기다리는 게 낫겠어.'

이돌이 막사로 막 들어서던 그때였습니다.

억센 손이 이돌의 입을 틀어막았어요.

"요 미꾸라지 같은 놈! 아침엔 용케 도망쳤겠다!"

이돌은 손아귀에서 빠져나오려 발버둥을 쳤어요. 하지만 소용없었습니다. 허우적대던 이돌의 손이 검은 그림자의 목덜미를 잡았어요. 손아귀에 뭔가 차가운 게 쥐어졌어요.

이게 뭘까? 정신이 점점 희미해져 갔어요.

아, 장군님. 위험해요!

집으로

어느 순간 이돌은 제자리로 돌아와 있었습니다.

초록 문 앞이었어요. 시간도 문을 들어설 때와 별반 차이가 없었습니다. 그런데도 이돌은 눈물이 그치질 않았습니다.

그날 이돌은 잠자리에 들어 낮에 있던 일을 떠올리곤 몸서리를 쳤어요. 두 번씩이나 수상한 이들을 만나다니.

'어떤 사람들일까? 번번이 누군가에게 잡히면 현실로 돌아오는 거지? 이번엔 막사 앞이었어. 장군님은 괜찮은 걸까?'

이돌은 자리에서 벌떡 일어났어요. 컴퓨터를 켜고 인터넷 검색창에 '이순신'을 쳐 보았어요.

전과 변한 게 없어요.

'다행이다. 장군님은 그 싸움에서 돌아와 무사하신 거야.'

울돌목. 이돌이 줄다리기를 했던 그곳은 유명한 명량 해전이 벌어진 바다 길목 이름이었습니다.

명량 해전.

이름은 알고 있었지만 정작 어떻게 벌어진 싸움인지는 제대로 알지 못했던 거예요.

| 역사의 한 순간 |

이돌의 두 번째 여행은 달리기로 시작해.

알고 보니, 이순신 장군의 정탐꾼!

도착한 곳은 조선의 수군 기지.

이순신 장군을 모르는 이는 없지만 제대로 알고 있는 이도 드물어. 그저 왜적과 싸움에서 백전백승! 했다는 정도야.

이돌이 겪게 되는 전투는 1597년 명량 해전이야.

단 13척의 배로 열 배도 넘는 왜적과 맞서 싸우지. 장군은 누구보다 철저하게 계획을 하고 준비를 하는 장수였어. 정탐꾼을 풀어 정확한 정보를 얻고 싸움에서는 반드시 이길 수 있는 전술만을 썼지. 보았듯이 장군 혼자 힘으로 이룬 승리가 아냐. 왜적을 피해 수군 기지로 몰려온 피난민들은 힘을 모아 전장에 뛰어들어. 이때 피난민들이 느꼈을 두려움은 엄청났을 거야. 왜적은 잔인하기 그지없잖아. 결국 스스로 그 두려움을 이겨 내지. 모두 한마음이 되어 싸움에 참여하면서 말이야.

이돌은 그 피난민들 속에서 용기를 얻어. 그리고 그 전쟁이 모두의 미래를 위한 싸움이었다는 걸 깨닫지. 장군 역시 그런 마음으로 전장에 나섰을 거야.

이돌은 앞으로 이순신 장군을 두 번 더 만나. 운명처럼.

김기정

나고 자란 곳은 충청북도 옥천. 1500년 전 백제와 신라가 한창 싸움을 벌인 한가운데죠. 어른들이 말하는 옛이야기와 산기슭 곳곳에 남은 산성의 돌무더기를 보면서 역사를 되새기곤 했습니다. 천 년 전 역사가 지금의 나와 이어져 있다는 것도 알게 되었죠. 그동안 《바나나가 뭐예유?》, 《해를 삼킨 아이들》, 《네버랜드 미아》 같은 동화를 써 왔고, 종종 《우리 신화》, 《음악이 세상을 바꿀 수 있을까?》 같은 책도 냈습니다.

장경혜

서울에서 나고 자랐습니다. 어렸을 때부터 서툴게나마 낙서하는 것을 좋아했는데 어쩌다 보니 이렇게 역사책에 그림을 그리는 한 순간을 맞이하게 되었네요. 역사에 대해 잘 아는 것은 아니지만, 잠시나마 책 속 주인공인 이돌의 마음이 되어 함께 모험을 한다는 기분으로 그림을 그렸습니다. 그동안 그린 책으로 《둥근 해가 떴습니다》, 《똥배 보배》, 《도깨비 감투》, 《우리 동네 미자 씨》 등이 있습니다.